A MÃE DA HUMANIDADE

A Mãe da Humanidade

ALDIVAN TORRES

Canary Of Joy

CONTENTS

1 - A Mãe Da Humanidade 1

1

A MÃE DA HUMANIDADE

Aldivan Teixeira Torres
A Mãe da Humanidade

Autor: Aldivan Teixeira Torres
©2018-Aldivan Teixeira Torres
Todos os direitos reservados

Este ebook, incluindo todas as suas partes, é protegido por Copyright e não pode ser reproduzido sem a permissão do autor, revendido ou transferido.

Aldivan Teixeira Torres é um escritor consolidado em vários gêneros. Até o momento tem títulos publicados em nove línguas. Desde cedo, sempre foi um amante da arte da escrita tendo consolidado uma carreira profissional a partir do segundo semestre de 2013. Espera com seus escritos contribuir para a cultura Pernambucana e Brasileira, despertando o prazer de ler naqueles que ainda não tenham o hábito. Sua missão é conquistar o coração de cada um dos seus leitores. Além da literatura, seus gostos principais são a música, as viagens, os amigos, a família e o próprio prazer de viver. "Pela literatura, igualdade, fraternidade, justiça, dignidade e honra do ser humano sempre" é o seu lema.

A Mãe da Humanidade
As aparições de nossa senhora de Fátima
Monte do Cabeço
Primeira aparição Angélica
Segunda aparição angélica
Terceira aparição angélica
Primeira aparição
Segunda aparição
Terceira aparição
Quarta aparição
Quinta aparição
Sexta aparição
Sétima aparição Mariana
Aparição Mariana
Encontro com Jesus
Aparição da santíssima Trindade e Nossa Senhora
Nossa senhora das Lágrimas
Encontros com Nossa Senhora
Virgem do coração de ouro
Aparições
1 de dezembro de 1932
08 de dezembro de 1932
Nossa Senhora das Graças
Virgem dos pobres
15 de Janeiro de 1933
18 de janeiro de 1933
19 de janeiro de 1933
20 de janeiro de 1933
11 de fevereiro de 1933

15 de fevereiro de 1933
20 de fevereiro de 1933
02 de março de 1933
Virgem pura dolorosa de Umbe
25 de Março de 1941
23 de maio de 1969
20 de julho de 1969
09 de setembro de 1969
14 de Julho de 1970
31 de Julho de 1970
30 de Outubro de 1970
24 de dezembro de 1970
23 de Maio de 1971
22 de Junho de 1971
2 de Outubro de 1971
4 de Junho de 1972
11 de Dezembro de 1975
28 de Fevereiro de 1976

As aparições de nossa senhora de Fátima

MONTE DO CABEÇO
1915

Lúcia e mais três amigas estavam em oração no Monte cabeço. Durante a reza do terço, viram suspenso sobre o arvoredo uma figura semelhante a uma estátua de neve cuja reflexão do sol tornava transparente.

"Que é aquilo? "Se perguntaram.

"Não sei! "Respondeu Lúcia.

Continuam as orações. Assim que concluíram, a misteriosa figura desapareceu.

PRIMEIRA APARIÇÃO ANGÉLICA
Loca do Cabeço
Primavera de 1916

Lúcia e suas companhias de passeio estavam na Loca Do Cabeço quando subitamente ouviram um som de trovão. Olhando na direção direita, viram um belo anjo a pousar sobre a azinheira. Tinha asas douradas, cabelos louros, face afogueada, pele bronzeada e um porte másculo e ativo. Ele então entrou em contato:

"Não temais! Sou o Anjo da paz. Orai comigo.

O anjo se ajoelhou baixando a fronte até ao chão. As crianças fizeram o mesmo movimento repetindo o que o ser celestial dizia:

"Meu Deus, eu creio, adoro, espero e amo-vos. Peço-vos perdão para os que não creem, não adoram, não esperam, e não vos amam.

Esta oração foi repetida por três vezes. Após isso, o sacerdote celestial levantou-se e disse:

"Orai assim. Os corações de Jesus e Maria estão atentos à voz das vossas súplicas.

Em seguida, a aparição sumiu deixando os jovens completamente pensativos sobre o que aquilo queria dizer realmente.

SEGUNDA APARIÇÃO ANGÉLICA
Quintal da casa de Lúcia localizado junto ao poço de Arneiro
Verão de 1916

Lúcia e alguns colegas estavam conversando alegremente neste local quando surgiu a aparição de um anjo feito relâmpago. Era o mesmo da aparição anterior e assim que chegou transmitiu suas orientações.

"Que fazeis? Orai! Orai muito! Os corações de Jesus e Maria tem sobre vós desígnios de misericórdia. Oferecei constantemente ao Altíssimo orações e sacrifícios.

"Como nos havemos de sacrificar? "Perguntou Lúcia.

"De tudo que puderdes, oferecei um sacrifício em ato de reparação pelos pecados com que ele é ofendido e de súplica pela conversão dos pecadores. Atraí, assim, sobre a vossa pátria a paz. Eu sou o anjo da sua guarda, o anjo de Portugal. Sobretudo aceitai e suportai com submissão o sofrimento que o senhor vos enviar "Pediu o servo celestial.

"Se é da vontade de Deus, estou pronta "Prontificou-se a venerável vidente.

"Muito bem. Deus fica feliz com isso "Constatou o arcanjo.

Dito isto, desapareceu feito fumaça. No restante do dia, os presentes voltaram às suas atividades normais. Porém, não conseguiam parar de pensar naquele fenômeno.

TERCEIRA APARIÇÃO ANGÉLICA
Loca do Cabeço
Outono de 1916

Lúcia e alguns colegas haviam sido enviadas à Loca do cabeço para pegar alguns pedaços de madeira. No momento em que finalizaram o trabalho, agradeceram a Deus através de orações. Neste momento, receberam pela terceira vez a visita do anjo da paz em meio a trovões e relâmpagos.

Ele trazia na mão um cálice e acima dele uma hóstia derramando gotas de sangue no compartimento. Concluída a operação, ficaram suspensos no ar o cálice e a hóstia enquanto o anjo se ajoelhava dizendo:

"Santíssima Trindade, Pai, Filho e Espírito Santo, adoro-vos profundamente e ofereço-vos o Preciosíssimo Corpo, Sangue, Alma e Divindade de Jesus Cristo, presente em todos os Sacrários da terra, em reparação dos ultrajes, sacrilégios e indiferenças com que Ele mesmo é ofendido. E pelos méritos infinitos do Seu Santíssimo Coração e do Coração Imaculado de Maria, peço-vos a conversão dos pobres pecadores.

Depois disso, o ser celestial se levantou pegando de volta a hóstia e o cálice. Deu a hóstia para Lúcia comer e o líquido do cálice foi bebido por Jacinta e Francisco falando em concomitância o seguinte:

"Tomai e bebei o corpo e o sangue de Jesus Cristo horrivelmente ultrajado pelos homens ingratos. Reparai os seus crimes e consolai o vosso Deus.

Prostrando-se em terra, o servo de Deus repetiu a primeira oração por três vezes junto com as crianças.

"Santíssima Trindade, Pai, Filho e Espírito Santo, adoro-vos profundamente e ofereço-vos o Preciosíssimo Corpo, Sangue, Alma e Divindade de Jesus Cristo, presente em todos os Sacrários da terra, em reparação dos ultrajes, sacrilégios e indiferenças com que Ele mesmo é ofendido. E pelos méritos infinitos do Seu Santíssimo Coração e do Coração Imaculado de Maria, peço-vos a conversão dos pobres pecadores. (3x)

No momento posterior, o anjo se levantou satisfeito. Olhando em direção indeterminada, suspirou e partiu batendo suas asas douradas freneticamente. Com um sinal, despediu-se finalmente dos médiuns. O ciclo angélico se completara.

PRIMEIRA APARIÇÃO
13 de maio de 1917

Após assistir à missa dominical em Aljustrel, um arruado de Fátima, três crianças chamadas Lúcia de Jesus, Francisco Marto e Jacinta Marto foram pastorear rebanhos na cova da Iria. Chegando no campo, em dado instante, lhes apareceu a visão duma bela mulher assentada sobre uma Carrasqueira. Usando um vestido branco, a estranha senhora brilhava mais que o sol. Sobre sua cabeça, havia um manto branco banhado a ouro quase do mesmo comprimento de que o vestido. Na sua direita, estava pendurado um rosário com contas brilhosas com uma cruz prateada. Centralmente, carregava no pescoço um colar de ouro. Com um olhar sério, entrou em contato com os videntes.

"Sou a Nossa Senhora. Peço-vos que orem pela conversão dos pecadores. Solicito também que venham aqui seis meses seguidos todo dia treze nesta mesma hora. Além destes, aparecerei uma sétima vez. Quereis oferecer-vos a Deus para suportar todos os sofrimentos que ele quiser enviar-vos, em ato de reparação pelos pecados com que ele é ofendido, e de suplica pela conversão dos pecadores? "Interrogou-lhes a mãe de Deus.

"Sim "Disseram as crianças inocentemente.

"Ides, pois, ter muito que sofrer, mas a graça de Deus será o vosso conforto "Observou a Nossa Senhora

Maria abriu as mãos transmitindo-lhes uma luz vibrante que lhes transpassava o mais íntimo do seu ser. Estar na presença da rainha do universo era gozar dos prazeres do céu antes mesmo do desencarne. Foi quando impulsivamente as crianças caíram de joelhos dizendo as seguintes palavras:

"Ó santíssima Trindade, eu vos adoro. Meu Deus, meu Deus, eu vos amo no santíssimo Sacramento.

"Rezem o Terço todos os dias para alcançarem a paz para o mundo e o fim da guerra "Reforçou Nossa Senhora.

Após isto, a nossa mãe se elevou aos olhos dos videntes desaparecendo na imensidão do céu.

SEGUNDA APARIÇÃO
13 de junho de 1917

A notícia da aparição de Nossa Senhora correu a região inteira. Com isso, algumas pessoas disponibilizaram-se para comparecer no evento marcado na mesma hora de antes no dia treze de junho. No total, eram cinquenta pessoas presentes no local. Começaram a rezar o rosário e então viram um reflexo de luz se aproximar feito relâmpago. Em instantes, estavam diante da mãe de Deus novamente.

"Que a paz esteja ente vocês. Como dito antes, quero vê-los aqui novamente neste mesmo dia do próximo mês. Não esqueçam de rezar o terço todos os dias e se esforcem em aprender a ler "Recomendou Nossa Senhora.

"Sim, nós o faremos, minha mãe. Poderia nos levar para os céus? "Pediu Lúcia.

"Sim, à Jacinta e ao Francisco levo-os em breve. Mas tu ficas cá mais algum tempo. Jesus quer servir-se de ti para me fazer conhecer e amar. Ele quer estabelecer no mundo a devoção ao meu Imaculado Coração. A quem a abraçar, prometo a salvação; e serão queridas de Deus estas almas, como flores postas por mim a adornar o seu trono "Esclareceu Maria.

"Oh, minha mãe! Fico triste por não partir também aos céus com meus amigos. Ficarei sozinha aqui neste mar de lágrimas? "Questionou Lúcia.

"Eu nunca deixarei você sozinha. O meu Imaculado Coração será o teu refúgio e o caminho que te conduzirá até Deus "Afirmou a virgem.

Neste mesmo instante, a bela dama abriu as mãos lhes comunicando uma intensa luz unindo-os em comunhão com o sagrado corpo de cristo. Em sua palma direita, carregava um coração cravado de espinhos representando os pecados que ferem dolorosamente o coração de Maria. Ao terminar de comunicar o espírito de Deus aos pastores, Maria esboçou um leve sorriso e foi se elevando em sentido leste até desaparecer completamente entre as nuvens. Os videntes e a multidão retornaram para suas casas prometendo voltar no próximo mês conforme pedido da santa

TERCEIRA APARIÇÃO
13 de julho de 1917

Lúcia se dirigiu a casa dos primos e lhes encontrou rezando. Uma grande alegria inundou seu pequeno coração de menina demonstrando o quanto aquele momento era especial.

"Estão prontos para ir até a Cova Da Iria? "Perguntou Lúcia.

"Sim, prima. Agora mesmo "Responderam os outros dois.

O trio fantástico saiu de casa cheios de ansiedade e nervosismo no que seria o terceiro encontro com a virgem Imaculada. Naquele momento, eles ainda não tinham ideia do tamanho da responsabilidade que era ser porta-voz das mensagens da mãe de Deus.

Chegando ao local, encontraram uma plateia de duas mil pessoas esperando o desenrolar do fenômeno espiritual. Iniciando as orações, uma nuvem acinzenta se aproximou e pousou sobre a azinheira. Dela, saindo a bela e iluminada "Nossa Senhora". Ela então entrou em contato.

"Quero que venham aqui no dia 13 do mês que vem; que continuem a rezar o Terço todos os dias em honra de Nossa Senhora do Rosário, para obter a paz do mundo e o fim da guerra, porque só ela lhes poderá valer "Lembrou a santa Mãe.

"O que mais devemos fazer para ajudar? "Perguntou Lúcia.

"Sacrifiquem-se pelos pecadores através de atos, palavras e ações. Ao fazerem sacrifícios, repitam esta frase: Ó Jesus, é por Vosso amor, pela conversão dos pecadores, e em reparação pelos pecados cometidos contra o Imaculado Coração de Maria "Orientou a Imaculada.

"Entendido. Mais alguma coisa a acrescentar, minha mãe? "Indagou a vidente.

"Estou pronta para revelar-lhes um segredo.

Dito isto, a mãe de Deus lhe fez um sinal provocando-lhes a visão do inferno. As três crianças viram um grande mar fogo posto debaixo da terra. Dentro do fogo, havia incontáveis demônios e almas soltando gritos desesperados de dor sem nenhuma sustentação. Os demônios se destacavam em forma de animais asquerosos. Esta visão foi bastante marcante para aquelas inocentes crianças e se não fosse sua promessa de levar-lhe aos céus teriam morrido de medo.

Ao fim da visão, voltaram às atenções para a santa.

"Vistes o inferno, para onde vão as almas dos pobres pecadores. Para as salvar, Deus quer estabelecer no mundo a devoção ao meu Imaculado coração. Se fizerem o que eu disser salvar-se-ão muitas almas e terão paz. A guerra vai acabar, mas se não deixarem de ofender a Deus, no reinado de Pio XI começará outra pior. Quando virdes uma noite, alumiada por uma luz desconhecida, sabei que é o grande sinal que Deus vos dá de que vai punir o mundo pelos seus crimes, por meio de guerra, da fome e de perseguições à Igreja e ao santo padre. Para a impedir virei pedir a consagração da Rússia a meu Imaculado coração e a comunhão reparadora nos primeiros sábados. Se atenderem a meus pedidos, a Rússia se converterá e terão paz. Se não, espalhará seus erros pelo mundo, promovendo guerras e perseguições à Igreja, os bons serão martirizados, o santo padre terá muito que sofrer, várias nações serão aniquiladas, por fim o meu Imaculado coração triunfará. O santo padre consagrar-me-á a Rússia, que se converterá, e será concedido ao mundo algum tempo de paz.

Neste instante, aparece ao lado esquerdo de Nossa Senhora, um anjo portado uma espada de fogo na mão esquerda. Ao manuseá-la, provocava pequenas explosões que incendiavam o mundo. Mas tudo se apagava ao contato do brilho da mão direita de Maria. Apontando com a mão direita para a terra, o anjo diz: "Penitência, penitência, penitência". Na sequência, os videntes viram através duma imensa luz o santo padre, bispos, sacerdotes e religiosos subindo uma montanha. No cimo dela, havia uma cruz. Aos pés dela, o santo padre foi morto por tiros disparados por soldados. Seus companheiros também tiveram o mesmo destino. Ao lado da cruz, estavam dois anjos. Estes recolhiam o sangue dos mártires e com eles irrigavam as almas as quais se aproximavam de Deus.

Com o fim da visão, a mãe de nós todos se elevou em direção à nascente até desaparecer por completo. Depois disso, as pessoas voltaram para suas casas a cumprir suas obrigações.

QUARTA APARIÇÃO
15 de agosto de 1917

A repercussão das aparições era grande em todo o Portugal.Com isso, as crianças videntes eram alvo de grande curiosidade e polêmica por parte de alguns invejosos. Uma consequência real disso foi a prisão deles na véspera da aparição do mês de agosto. Eles ficaram trancafiados dentro duma cela durante três dias sofrendo punições e interrogatórios. Entretanto, não conseguiram lhes obrigar a revelar os segredos confiados pela santa. Foram a contragosto então liberados.

No dia quinze deste mesmo mês, ao pastorear na região de Valinhos, Lúcia e Jacinto sentiram algo sobrenatural. Depressa, mandaram chamar Jacinta e à chegada dela ocorreu o fenômeno da aparição novamente. Diante deles, apareceu a mesma senhora de sempre.

"Bendita seja a bem-aventurada. O que lhe traz aqui desta vez? "Indagou Lúcia.

"Quero que vão a cova da Iria no próximo dia treze e que continuem a rezar os terços todos os dias. No último mês farei o milagre para que todos acreditem "Prometeu a virgem.

"O que é que faremos com o dinheiro deixado pelo povo na cova da Iria?

"Façam dois andores para a festa de Nossa Senhora do Rosário. O que sobrar, usem para construir a capela. Rezai, rezai muito e fazei sacrifícios pelos pecadores, que vão muitas almas para o inferno por não haver quem se sacrifique e peça por elas "Recomendou a abençoada.

Logo depois, a virgem começou a elevar-se em direção à nascente desaparecendo rapidamente. Este foi mais um fenômeno mariano.

QUINTA APARIÇÃO
13 de setembro de 1917

Cerca de vinte mil pessoas compareceram a este ato cristão. Conjuntamente, iniciaram a reza do terço. Quase que imediatamente, a nuvem se aproximou e dentro dela saiu a mãe de Deus pousando sobre a churrasqueira.

"Continuem a rezar o terço para alcançarem o fim da guerra. Em outubro virá também Nosso Senhor, Nossa Senhora Das Dores e do Carmo, São José com o menino Jesus, para abençoarem o mundo. Deus está contente com os vossos sacrifícios, mas não quer que durmais com a corda. Trazei-a só durante o dia "Orientou Nossa mãe.

"As pessoas têm pedindo a mim vossa assistência e vossa cura "Destacou Lúcia.

"Sim, alguns curarei. Outros, não. Em outubro farei o milagre para que todos acreditem "Lembrou nossa santa Mãe.

Logo após, Nossa Senhora acenou em despedida. Como das outras vezes, foi se afastando até desaparecer no firmamento. A multidão então foi despedida retornando as suas respectivas residências ansiosas pelo próximo encontro com a mãe de Jesus.

SEXTA APARIÇÃO
13 de outubro de 1917

A repercussão das aparições em Fátima era cada vez maior. Com isso, a cada sucessivo evento aumentavam o número de pessoas. Nesta ocasião, eram aproximadamente setenta mil pessoas a rezar e a entoar cânticos para Nossa Senhora na Cova da Iria. Não demorou muito e a nuvenzinha se aproximou trazendo consigo nossa santa Mãe.

"Que bons motivos a trazem aqui, minha mãe? "Indagou Lúcia.

"Vim solicitar a construção duma capela neste local em minha honra. Sou a Nossa Senhora do Rosário. Continuem a rezar o terço todos os dias. A guerra acabará ainda hoje e os militares voltarão para casa "Revelou Maria.

"Tenho tantas coisas a lhe pedir. As mais importantes se referem a cura e conversão de pecadores "Falou Lúcia.

"Uns sins, outros não. É preciso que se emendem, que peçam perdão dos seus pecados. Não ofendam mais a Nosso Senhor que já está muito ofendido "Ralhou a santa Mãe.

"Deseja mais alguma coisa? "Indagou Lúcia.

"Já não quero mais nada "Concluiu Maria.

A nuvem se elevou levando consigo a rainha dos céus. Em seguida, apareceram os sinais: Ao lado do sol, viram São José, o menino Jesus e Nossa Senhora. Eles abençoavam o mundo com o gesto da cruz. Depois, apareceu Maria na figura de Nossa Senhora do Carmo, Nossa Senhora das Dores além da dupla de carpinteiros abençoando o planeta terra novamente. Até que a visão desapareceu por completo.

SÉTIMA APARIÇÃO MARIANA
Cova da Iria
15 de junho de 1921

No convento, próximo do fim de 1920, Lúcia recebeu a visita do bispo D. José. Era a primeira vez que se encontravam o que tornava este momento muito especial e misterioso. Depois dos cumprimentos iniciais, os dois adentraram numa sala reservada. O local é decorado com móveis de madeira, pinturas, estatuetas, com janelas laterais forradas por cortinas bege o que lhes deixa bastante à vontade. Acomodando-se em cadeiras frontais ao redor duma mesinha, os dois iniciaram o diálogo.

"Acho que deves saber por que estou aqui, irmã. Há um burburinho muito grande em relação aos acontecimentos em Fátima. Poderia me explicar melhor? "Indagou José.

"Foi realmente muito espantoso o que aconteceu: o anjo, Nossa Senhora, as multidões crentes e os milagres. A lição a qual tiramos disso tudo é da grandeza e do amor da santa para com seus filhos "Disse Lúcia.

"Sim, disso eu tenho certeza. As aparições cumpriram com seu fim "Analisou o bispo.

"Sinto-me muito honrada com a missão dada. A dificuldade que encontro é com relação à fama e as consequências disso para minha vida pessoal "Constatou Lúcia.

"Entendo perfeitamente. Estava pensando exatamente sobre isso. Que tal se você mudasse para Porto? Lá ninguém a conhece "Propôs José.

"Posso pensar um pouco? Tenho tantas raízes por aqui "Falou a devota de Maria.

"Te darei o tempo que precisar...

O telefone toca no recinto e ao atender o bispo toma ciência duma urgência na cidade vizinha. Ele então balança a cabeça retomando a frase.

"Tenho que sair agora. Pense bem e depois me comunique.

"Está bem. Vá em paz!

"Obrigado. Que a virgem vos abençoe.

O bispo sai do quarto e é acompanhado até a porta pela irmã. Fechada a porta, a nosso doce jovem fica novamente a sós pensando no que fazer dali por diante. Havia bastante coisas envolvidas numa provável mudança e teria que analisar criteriosamente os prós e contras.

Instantes depois, sentiu-se misteriosamente impulsionada a voltar para a Cova Da Iria. Deixando-se levar por suas emoções, empreendeu viagem até o local esperando encontrar uma luz em meio a tantas dúvidas. Durante todo o caminho, sentia-se feliz, tranquila e cheia de projetos. Contudo, ainda faltava algo em sua vida que não compreendia.

Ela finalmente chega. Ao caminhar mais uma vez por aquelas bandas, reconheceu-se a mesma menina de sempre. Foi quando escutou o barulho de trovão e o relâmpago característico das aparições. Em questão de segundos, alguém tocou no seu ombro. Ao direcionar o olhar para trás, reconheceu novamente sua amada mãe.

"Aqui estou pela sétima vez, vai, segue o caminho por onde o Senhor Bispo te quiser levar, essa é a vontade de Deus.

"Sim "Prontificou-se a serva.

Maria elevou-se em seguida abençoando a carismática cristã. Foi neste belo momento que Lúcia agradeceu a Deus por todos aqueles acontecimentos maravilhosos. Começava aí uma nova fase de sua vida.

APARIÇÃO MARIANA
Local: Quarto de Lúcia em Pontevedra
10 de dezembro de 1925

Lúcia acorda no meio da noite com um barulho feito trovão. Ao levanta-se, depara-se com a aparição da Santíssima Virgem com um coração espinhado nas mãos e seu santíssimo filho. Há então uma comunicação.

"Tem pena do coração da tua Santíssima Mãe que está coberto de espinhos, que os homens ingratos a todos os momentos lhe cravam sem haver quem faça um ato de reparação para os tirar "Disse a nossa mãe.

"Estou sempre atento a estes fatos, minha mãe "Correspondeu Jesus.

"Olha, minha filha, o meu Coração cercado de espinhos, que os homens ingratos a todos os momentos me cravam, com blasfémias e ingratidões. Tu, ao menos, vês de me consolar e diz que todos aqueles que durante cinco meses, ao primeiro sábado, se confessarem, receberem a Sagrada Comunhão, rezarem o terço e me fizerem 15 minutos de companhia, meditando nos 15 Mistérios do Rosário com fim de me desagravar. Eu prometo assistir-lhes, na hora da morte, com todas as graças necessárias para a salvação dessas almas "Disse Maria.

"Vou consolá-la e farei tudo o que a senhora pedir "Prometeu Lúcia.

"Fico feliz. As bênçãos cairão sobre você "Garantiu a mãe de Deus.

Esbanjando um largo sorriso, Maria e seu filho desapareceram da presença da vidente. No restante do dia, ela ficou pensando na mensagem ao mesmo tempo que cuidava de suas obrigações rotineiras.

ENCONTRO COM JESUS
Pontevedra
15 de fevereiro de 1926

Após varrer o quintal, a irmã Lúcia ficou descansando na beirada da porta. Em dado momento, eis que se aproximou uma criança cuja aparência já era conhecida.

"Tens pedido o Menino Jesus à Mãe do Céu? "Indagou a serva de Maria.

"E tu tens espalhado, pelo mundo, aquilo que a Mãe do Céu te pediu? "Replicou o menino.

Uma luz iluminou o garoto tornando-lhe resplandecente. Nisto, a irmã o reconheceu como Jesus.

"Meu Jesus! Vós bem sabeis o que o meu confessor me disse na carta que Vos li. Dizia que era preciso que aquela visão se repetisse, que houvesse factos para que fosse acreditada, e a

Madre Superiora, só, a espalhar este facto, nada podia "Explicou Lúcia.

"É verdade que a Madre Superiora só, nada pode; mas, com a Minha graça, pode tudo. E basta que o teu Confessor te dê licença, e a tua Superiora o diga, para que seja acreditado, até sem se saber a quem foi revelado "Falou Jesus.

" Mas o meu Confessor dizia na carta que esta devoção não fazia falta no mundo, porque já havia muitas almas que Vos recebiam, aos primeiros sábados, em honra de Nossa Senhora e dos quinze Mistérios do Rosário "Observou a nossa irmã.

"É verdade, minha filha, que muitas almas os começam, mas poucas os acabam; e as que os terminam, é com o fim de receberem as graças que aí estão prometidas; e Me agradam mais as que fizerem os cinco com fervor e com o fim de desagravar o Coração da tua Mãe do Céu, que os que fizerem os quinze, tíbios e indiferentes "Argumentou o mestre.

"Meu Jesus! Muitas almas têm dificuldade em se confessar ao sábado. Se vós permitísseis que a confissão de oito dias fosse válida? "Perguntou a serva.

" Sim. Pode ser de muito mais dias ainda, contanto que estejam em graça no primeiro sábado, quando me receberem; e que nessa confissão anterior tenham feito a intenção de com ela desagravar o Sagrado Coração de Maria "Explicou o Senhor.

"Meu Jesus! E as que se esquecerem de formar essa intenção? "Questionou a veneradora.

"Podem-na formar logo na outra confissão seguinte, aproveitando a primeira ocasião que tiverem de se confessar "Solucionou o filho de Deus.

"Muito bem. Entendi agora "Disse Lúcia.

"Pois bem. Agora tenho que ir. Fique na paz! "Desejou o cristo.

"Amém! "Concordou a pequena filha de Deus.

O menino se afastou imediatamente e nossa irmã adentrou em casa para rezar um mistério e aprontar o almoço.

APARIÇÃO DA SANTÍSSIMA TRINDADE E NOSSA SENHORA
TUV
13 de junho de 1929

Era noite. Lúcia se encontrava fazendo suas orações diante do santíssimo Sacramento na capela. Foi quando o espaço foi preenchido por uma luz sobrenatural. Apareceu sobre o altar uma cruz tão comprida que batia ao teto. Na parte superior da cruz, aparecia um homem com uma pomba sobre seu peito. Pregado nela, outro homem. Na mesma cena, encontrava-se suspenso no ar, um cálice e uma hóstia grande. Sobre esta última, caíam gotas de sangue as quais desembocavam no cálice. Sobre o braço direito da cruz, estava Maria carregando entre as mãos seu Imaculado coração triunfante em todas as ocasiões. No braço esquerdo, as seguintes palavras escritas: "Graça e misericórdia".

A virgem aproveitou para entrar em contato.

"É chegado o momento em que Deus pede para o Santo Padre fazer, em união com todos os Bispos do mundo, a consagração da Rússia ao meu Imaculado Coração, prometendo salvá-la por este meio. São tantas as almas que a Justiça de Deus condena por pecados contra mim cometidos, que venho pedir reparação: sacrifica-te por esta intenção e ora.

Dito isto, a visão desapareceu completamente. Mais tarde, sem o cumprimento dos objetivos, a mãe de Deus falou:

"Não quiseram atender ao meu pedido!... Como o rei de França, arrepender-se-ão e fá-la-ão, mas será tarde. A Rússia terá já espalhado os seus erros pelo mundo, provocando guerras, perseguições à Igreja: o Santo Padre terá muito que sofrer.

A devota de Maria chorou com isso pois fizera tudo que estava ao seu alcance. O mundo realmente era ingrato diante do zelo da Santa Mãe de Deus. Porém, tínhamos tempo para refletir e mudar esta realidade pedindo proteção a Nossa Senhora de Fátima, a protetora dos cristãos Portugueses.

Nossa senhora das Lágrimas

Campinas-Brasil

Amália Aguirre era espanhola. Aos dezoito anos de idade, emigrou para o Brasil. Aqui, se adaptou rapidamente e sempre foi uma cristã valorosa através de atos, palavras e ações. Era conhecida por ser uma ferrenha devota de Nossa Senhora e por isso logo fez votos de obediência cristã entrando para o convento.

Aos oito de novembro de 1929, recebeu a visita dum parente e através dele soube da doença da mulher dele. Segundo avaliação médica, a enfermidade era incurável. Movida de compaixão, ela ajoelhou-se ao altar recorrendo a ajuda de Nosso Senhor. Foi quando ocorreu o contato.

"Se não há esperança para a mulher de T..., eu estou pronta a oferecer a minha vida pela mãe da família. Que desejas que eu faça? "Indagou a serva de Deus.

"Se desejas receber esses favores, pede-me pelas lágrimas de Minha Mãe *"Orientou Jesus.*

"Como devo eu rezar? "Perguntou a freira.

"Ó Jesus, ouvi as nossas súplicas pelas lágrimas da Vossa Santíssima Mãe! Ó Jesus, vede as lágrimas daquela que Vos amou muitíssimo enquanto na Terra e que Vos ama ainda mais intimamente no Céu "Ensinou Jesus.

"Obrigada. Rezarei desta forma "Garantiu a cristã.

"Minha filha, o que quer que seja que me peçam pelas lágrimas de Minha Mãe, eu o concederei com Amor. Depois, Minha Mãe concederá este tesouro ao vosso querido Instituto como um íman de Misericórdia "Prometeu o mestre.

"Pode me explicar sobre esta devoção às lágrimas de sua mãe? Quis saber a devota.

"Filha, vou hoje falar-te das Lágrimas de minha Mãe. Durante vinte séculos elas ficaram guardadas no meu Divino coração para agora as entregar! Com esta entrega. Eu te constituo apóstola de Nossa Senhora das Lágrimas e sei que estás pronta a dar a vida pela difusão de tão santa devoção! Ser missionária das Lágrimas de minha Mãe é dar-me imensas consolações! Dei valor infinito a essas Lágrimas e, com elas, os que se propuserem propaga-las terão a felicidade de roubar pecadores do maligno, cujo ódio há de colocar muitos obstáculos para que elas não sejam conhecidas. O mundo tem necessidade de misericórdia! E para recebê-la não há dádiva mais preciosa do que as Lágrimas de minha Mãe! Se as lágrimas de uma mãe comovem o coração de um filho rebelde, como não se há de comover o Meu Coração, que tanto ama esta Mãe? Este tesouro magnífico, guardado vinte séculos, está em todas mãos para com ele salvar muitas almas das garras infernais! Quando as almas generosas dizem: "Meu Jesus, pelas Lágrimas de vossa Mãe Santíssima", o Meu Coração se abre e faz jorrar sobre aquelas almas as torrentes de minha misericórdia! Todos os que se propuserem propagar as Lágrimas de Minha Mãe, no Céu receberão uma alegria toda especial e louvarão as horas que passaram a divulgá-las. Todos os sacerdotes que difundirem o poder das Lágrimas de Maria, terão seus trabalhos produzindo frutos de vida eterna e grandes coisas farão por meu amor. A difusão desta riqueza das Lágrimas de minha Mãe e de muita importância para o Meu Coração porque vai me dar milhões e milhões de almas! Teu Jesus Crucificado, que em todas mãos depositou tão sagrado e poderoso tesouro, do qual deves ser apóstola incansável e ser capaz de dar a vida por ele. Felizes os que difundirem as Lágrimas de Maria "Disse Jesus.

"Entendido. Obrigado Amado Jesus.

"Fique em paz, minha filha! Agora tenho que ir cuidar de minhas responsabilidades. Não é nada fácil carregar o mundo nas costas "Explicou o Messias.

"Entendo, Senhor! Muito obrigada! "Despediu-se a serva.

Aos olhos da empregada, o senhor dos céus se elevou desaparecendo nas frestas do templo. Agora ela estava novamente sozinha. Porém, cheia de esperanças de que um milagre acontecesse. Saindo do templo, soube da melhora da mulher pela qual pedira. Cheia de emoção, ela agradeceu pela ação instantânea do espírito santo provando seu amparo aos aflitos. A vida ia se seguir com mais alegria.

ENCONTROS COM NOSSA SENHORA

Primeiro encontro

08 de março de 1930

Ajoelhada nos degraus do altar, a irmã Aguire se esforçava na oração em prol dos mais necessitados. Particularmente, pedia pelos doentes, órfãos, viúvas e meninos de rua. Foi quando diante dela apareceu uma figura duma bela mulher resplandecente que lhe sorria. Em suas mãos, carregava um rosário brilhante e uma coroa. Quanto as vestes, usava um vestido roxo, um manto azul e um véu branco sobre os ombros. Estirando os braços em direção à serva, deu-lhe um artefato dizendo:

"Isto é a Coroa das Minhas Lágrimas, a qual é confiada por Meu Filho ao Seu querido Instituto como uma porção da Sua herança. As invocações já foram dadas por Meu Filho. Meu Filho quer honrar-me duma maneira especial por meio destas invocações, e conceder todas as Graças que sejam pedidas pelas Minhas Lágrimas. Esta Coroa produzirá a conversão de muitos pecadores, especialmente os que estão possessos do demónio. Ao Instituto de Jesus Crucificado está reservada uma honra especial, que é a conversão de muitos membros duma seita ruim para a florida árvore da Igreja. Por meio desta Coroa, o demónio será vencido e o poder do inferno será destruído. Prepara-te para esta grande batalha.

Dito isto, a bela dama desapareceu. A devota de Maria levantou-se indo cuidar do almoço das suas amadas irmãs com a esperança de ter mais notícias.

Segunda aparição

08 de abril de 1930

De maneira semelhante a primeira vez, a virgem e o senhor Jesus lhe apareceram quando ela estava de joelhos no altar objetivando usar dela como instrumento de suas mensagens ao mundo. Lado a lado, vestidos com roupa de gala e espargindo luz em todas as direções, a conversa foi iniciada.

"Te desejo a minha paz, amada serva" Falou Jesus.

"Te desejo muitas felicidades "Continuou Maria.

"Obrigada aos dois. Como posso alcançar a virtude da humildade? "Perguntou Amália.

"Amados filhos, o perfume da santa humildade, eu tenho-o guardado desde os dias que passei pela terra. Esta bela virtude, verdadeiro alicerce de toda a santidade e que tanto agrada a Jesus, acha-se no meu Coração para Eu oferecê-la a vós como um presente. (...). Porém, para receberdes os meus presentes, eu exijo de vós Confiança, Amor filial e Fé. Como vos poderei dar algo se não confiardes em mim? E como vos poderei eu enriquecer se não me amardes como Mãe? Porque não haveis de crer em mim que tanto fiz por vós? (...). Crede no meu imenso amor por vós e então recebereis o perfume da humildade que vos há de conceder a graça da perseverança final "Ensinou a virgem.

"Aprendei de mim, que sou manso e humilde de Coração», mostrando a todos, assim, como esta é a virtude predileta do seu Coração "Disse o mestre.

"Como posso alcançar a graça de ter as boas virtudes além da que já disse? "Investigou a freira.

"Queridos filhos, eu sou rica em virtudes e é meu desejo que vós também o sejais. Hoje dou-vos a minha obediência e pela qual sereis agradáveis a Deus. Sem ela, não podereis contentar Jesus que foi obediente até à morte... e morte de Cruz! (...). Se fordes obedientes como eu, também em vós grandes coisas acontecerão. No obediente, Jesus opera maravilhas transformando corações fracos e ainda cheios de paixões mundanas em corações semelhantes ao seu.

Deus fez em mim grandes coisas porque eu segui sempre segundo a sua vontade. Se observardes a obediência, andareis sempre segundo a vontade de Jesus e ele fará grandes coisas através de vós em favor dos pobres pecadores.

Sou a Vossa Mãe, Maria, que vos abençoa sempre pelas mãos de Jesus e a partir do Reino onde os verdadeiros obedientes cantarão a vitória final.

"Qual é a mais importante das virtudes e sua colocação na vida cristã? Perguntou Amália.

"É a pureza. Filhos amados, desejo dar-vos a minha pureza pela qual vereis a Deus nas vossas obras e na vossa alma. «Bem-aventurados os puros de coração, porque eles verão a Deus», disse-vos Jesus.

Eu sou a Rainha dos lírios, sou aquela que trouxe, no Seu seio, a pureza infinita, e, portanto, posso vos enriquecer dessa santa virtude "tal só depende da vossa vontade.

Quando o próprio Deus encontrou um coração puro, desceu à Terra e ei-lo que se fez carne no meu seio virginal! Esta pureza, a qual encantou e fascinou o próprio Deus, é o presente que recebereis na hora em que me pedirdes com amor esta bela vir-

tude. Ó filhos amados, todas as vezes que me pedirdes essa virtude irei dar-vos em abundância a minha própria pureza, pois ela fará de vós mesmos um santuário de Jesus! E sabei que, se nesta pureza morrerdes, eu mesma apresentar-vos-ei nos meus braços ao juízo particular e Jesus vos dirá: «Entra, amado filho, na tua morada eterna, que eu não te julgo, porque nos braços de minha Mãe já me apareces julgado».
Eu, Maria, abençoo-vos a partir do Reino da pureza infinita.

"Que outra recomendação a senhora quer me dar? "Disse a empregada.

"Quero que cunhe uma medalha de Nossa Senhora das Lágrimas e de Jesus manietado. Divulgue largamente essa medalha para que o poder de satanás no mundo seja vencido. Prometo a quem usá-la devotamente inúmeras graças.

"Como deve ser esta medalha? "Falou a serva.

"Na frente, cunhe a imagem de Nossa Senhora das Lágrimas em entrega ao terço das lágrimas rodeada pelas seguintes palavras: "Ó virgem dolorosíssima, as vossas lágrimas derrubaram o Império Infernal ". No verso, cunhe a imagem de Jesus manietado com exatamente estas palavras: "Por vossa mansidão divina, ó Jesus manietado, salvai o mundo do erro que o ameaça" "Explicou a santa Mãe.

"Para que servirá exatamente esta medalha? "Questionou a irmã.

"Ela aumentará a humildade dos fiéis e promoverá a conversão dos ateus, hereges, comunistas, e com a coroa das lágrimas, aqueles possuídos pelo diabo" Explicou Maria.

"O que é a coroa das lágrimas? "Perguntou a seguidora.

"É uma devoção particular através da oração "Interveio Jesus.

"Quais graças podemos alcançar através dela? "Perguntou nossa irmã em cristo.

"Minha filha, o que quer que seja que me peçam pelas lágrimas de minha Mãe, eu o concederei com Amor. Depois, minha Mãe concederá este tesouro ao vosso querido Instituto como um íman de Misericórdia. Rezai a Coroa das Lágrimas, e espalhai a sua devoção. O demónio foge quando é rezada sinceramente "Explicou Jesus.

"Fico mais tranquila, então. Divulgarei esta devoção pelo mundo inteiro em vossa honra "Prometeu Aguirre.

"Boa serva, agindo assim tem todas as minhas graças "Disse o cristo.

"Vamos, filho? "Indagou Maria.

"Sim, minha mãe. Te deixamos nossa paz, querida amiga! "Garantiu Jesus.

"Obrigada! Vão com Deus "Desejou Amália.

Aos olhos da irmã, as duas entidades cristãs se elevaram até desaparecerem por completo. Ela poria em prática todas as recomendações deles objetivando uma maior glória divina. Bendita seja a nossa mãe!

Virgem do coração de ouro

Beauring-Bélgica

Beauring é um pequeno povoado onde ocorreram exatamente trinta e três aparições marianas a cinco crianças videntes nomeadas: Andreia, Gilberta Degeimbre, Fernanda, Alberto e Gilberta Voisin. Ela aparecia em frente à escola onde eles estudavam e na maioria das vezes se conservou em silêncio esbanjando apenas um leve sorriso.

APARIÇÕES

29 de novembro de 1932

Era quase noite. Quatro dos videntes mencionados se dirigiram até a escola para buscar Gilberta Voisin cheios de alegria e satisfação. Ao atingir o fim da rua, Alberto percebe nos dois pilares os quais sustentavam o viaduto, a presença duma figura feminina flutuando semelhante a imagem de Nossa Senhora de Lourdes.

"Olhem lá em cima nos pilares! "Exclamou Alberto.

As outras crianças atenderam a solicitação e viram uma figura de branco flutuando entre o viaduto e a réplica da gruta de Lourdes. Na saída, a pequena Gilberta também vê a mulher. Descrentes, as freiras despediram as crianças afirmando que tudo não passava duma visão delas. Entretanto, no dia seguinte, a visão se repetiu.

1 DE DEZEMBRO DE 1932

As mesmas crianças acompanhadas de doze pessoas retornaram ao local. A aparição se repetiu demorando apenas alguns instantes. Desta vez, perceberam uma luz mais intensa em volta da mulher. Destacavam-se em suas feições os olhos azuis, o sorriso meigo adornado com uma coroa composta por raios dourados.

Ao iniciar o trajeto de volta para casa, a virgem se deslocou indo ficar em frente do grupo. Ela se encontrava sobre uma nuvem com mãos juntas e olhos voltados para o céu. Em seguida, desapareceu sem dizer nada. Em outras oportunidades, a madame voltou a aparecer aumentando mais o mistério inculto nesses fenômenos. Devido a repercussão dos fatos, a madre superiora proibiu a presença das crianças na escola no dia seguinte.

08 DE DEZEMBRO DE 1932

Durante a semana posterior, foi organizado uma grande vigília aos locais das aparições. Enquanto rezavam, a virgem lhes aparecia. Houve um grande número de conversões ao cristianismo nesta época vindo pessoas de todas as partes do país.

No meio da tarde, o terreno no entorno do convento é ocupado pelas pessoas entoando cânticos a Nossa Senhora. Boas ondas de energia circulam pelo local do movimento que se estende pela tarde inteira. Quando as videntes chegam, a aparição se repete. As pessoas solicitam que Nossa Senhora fale, mas em resposta recebem um sorriso. É iniciada a reza do terço e a mulher fica presente durante todo o tempo. Ao fim deste exercício religioso, a mãe de Deus os abençoa e desaparece.

Pouco depois, ela reaparece. Alberto se antecipa iniciando o diálogo.

"Quem é?

"Sou a virgem Imaculada.

"O que quer de nós?

"Quero que sejais sempre muito bons.

"Nos esforçaremos "Prometeu Alberto.

"Queria também que se construísse aqui uma igreja para que as pessoas possam vir em peregrinação "Solicitou a Imaculada.

"Levaremos seu pedido às autoridades competentes "garantiu o menino.

"Ainda bem. Fico feliz "Contentou-se a virgem.

"O que devemos fazer para alcançar a plenitude das virtudes? "Indagou o referido menino.

"Rezai sempre. Agrada-me em especial a devoção do rosário "Ensinou Nossa Senhora.

"Focaremos nesta oração e a divulgaremos pelo mundo "Confirmou o jovem.

"Tenho um segredo a revelar para vocês: Meu Divino filho voltará à terra em breve na pele dum camponês interiorano. Através dele, o mal será abatido e a resolução de Deus cumprida. Isto acontecerá em cumprimento as promessas bíblicas, mas ainda não será o fim "Informou a santa.

"Quando saberemos de sua presença? "Indagou Fernanda.

"Não saberão. Apenas acontecerá "Disse a virgem.

"Qual é o nosso papel junto a humanidade? "Indagou Gilberta.

"Converterei os pecadores "Revelou Maria.

"Como podemos chamá-la mesmo? Indagou Andreia.

"Sou a Rainha do céu e a mãe de Deus. Rezai sempre "Revelou Maria.

"Como posso colaborar em prol da causa cristã? "Perguntou Fernanda.

"Você ama o meu filho? Você me ama? Sacrifique-se por mim" Pediu a santa Mãe de Deus.

"Está bem" Assentiu Fernanda.

Abrindo os braços, Maria mostrou seu coração resplandecente e então disse:

"Adeus!

Em seguida, desapareceu como fumaça. Encerrava aí o ciclo de aparições marianas em Beauring. A virgem do coração de ouro é a protetora oficial dos cristãos Belgas.

Nossa Senhora das Graças

<u>Pesqueira-Brasil</u>

Sítio Guarda, 06 de agosto de 1936

Amanhecera no sítio guarda como acontecia todos os dias. A história nos leva exatamente ao casebre da família Teixeira onde os entes familiares se acomodam em cadeiras ao redor da mesinha localizada exatamente no que seria a sala de jantar.

"Ainda estou com fome, pai! "Resmungou Maria de Luz após mastigar um naco de pão.

"O que quer que eu faça, filha? Não temos mais comida "Respondeu Arthur Teixeira em lágrimas.

"Que tal se fossem buscar mais mamona? Desta forma conseguiríamos mais dinheiro "Disse a matriarca.

"Boa ideia! Da Luz vá chamar Conceição e juntas vão até a mata colher mamonas. Eu agora não posso ir porque estarei ocupado rachando lenha "Observou Arthur.

"Está bem, pai! "Concordou a filha.

Imediatamente, a pequena travessa se levantou atravessando grande parte da residência e finalmente saiu. Após caminhar um pouco, encontrou sua irmã de coração Maria da Conceição que gentilmente se disponibilizou a acompanhá-la. Lado a lado, as duas garotas iniciaram o caminho até o matagal cheias de medo devido aos últimos acontecimentos na região.

"É tão perigoso vir aqui. Obrigado por me acompanhar, amiga "Agradeceu a Da Luz.

"Não é nada, amiga. Juntas somos mais fortes "Disse Maria Da conceição.

"Mas o que faríamos se agora aparecesse Lampião em Nossa frente? "Aterrorizou Maria da Luz.

"Nossa Senhora haveria de dar-nos um jeito para este malvado não nos ofender "Respondeu Maria da Conceição.

Neste momento, Maria da Conceição desviou o olhar para o alto da serra vendo uma imagem em forma de mulher com uma criança em seus braços fazendo gestos com a mão.

"Olha lá uma imagem "Exclamou.

A companheira de viagem olhou na direção indicada e também viu a mesma imagem. Passaram um bom tempo a admirar o fenômeno silenciosamente em alegria. Depois, começaram o retorno para casa onde os pais as esperavam. Durante todo o caminho, passaram mil hipóteses na mente daquelas pequenas doçuras. Quem seria aqueles dois? A única certeza que carregavam era que algo extremamente especial estava acontecendo naquele local abençoado, a terra do doce e da renda.

Depois dum breve período, chegaram as duas e de imediato entregaram mamona a mãe de Maria da Luz. De imediato, ela percebeu algo estranho pairando no ar.

"O que há com vocês, meninas? Estão com uma cara!

"Vimos algo realmente estranho "Contou Maria da Conceição.

"Estranho, como? Poderia me explicar melhor? "Indagou a Matriarca Teixeira.

"Vimos a imagem duma mulher com uma criança nos braços acenando para nós no alto da serra "Revelou Maria da Luz.

"O quê? Querem me fazer acreditar numa bobagem dessas? É engano de vocês, venham almoçar! "Respondeu rudemente a mulher.

Quase que chorando, as meninas obedeceram à ordem da adulta e entraram na casa. Porém, não se sentaram à mesa para almoçar ficando conversando sobre a aparição. Instantes depois, chegou o patriarca. Notando a ausência das duas à mesa, ele questionou a mulher.

"Onde estão as duas pequenas? O que houve?

"Chegaram espantadas no campo falando que viram a imagem duma mulher com um menino no colo no alto da serra. Desde então, estão estranhas a papear no oitão da casa.

"O que devemos fazer, mulher?

"Que tal se você verificar com elas mais de perto? Talvez seja uma pessoa escondida.

"Tem razão. Só assim elas poderão ficar mais calmas.

Arthur cuidou de comer rapidamente. Ao final desta atividade, foi se encontrar com as filhas. Combinaram de sair juntos ao mesmo local anterior. Utilizando-se da foice, ele ia abrindo caminho entre espinhos, garranchos, xique-xique e Macambira. Ainda assim, era muito difícil trafegar por ali devido ao relevo acidentado.

Ao chegarem próximo do topo, a visão reapareceu a vista das crianças. Porém, o pai delas não via nada apesar dos seus esforços.

"Não estou vendo nada. Poderiam perguntar quem é a senhora da imagem? "Indagou Arthur.

"Sim. Quem é a Senhora? "Indagou Maria da Luz.

"Eu sou a graça "Respondeu a mulher.

"Que quer a Senhora aqui? "Indagou a menina.

"Vim para avisar que hão de vir três castigos mandados por Deus. Diga ao povo que reze e faça penitência "Ordenou Maria.

Dito isto, a misteriosa mulher desapareceu. Voltando para casa, contaram o ocorrido a sua mãe que se chamava Auta Teixeira. Daí a conversa se espalhou por toda a região. A consequência disso é que muitas pessoas apareciam no local para rezar e com a esperança de que a mãe de Deus voltasse. Era um fenômeno notável e maravilhoso da fé cristã.

A partir do terceiro dia, as pessoas presentes exigiram um sinal para que de fato pudessem acreditar no que estava acontecendo. Aborrecidas, as crianças fizeram o pedido a santa. Em resposta, a santa lhes disse que daria um sinal.

No outro dia, as meninas voltaram ao local. A mulher novamente apareceu apontando a água que saía do interior da rocha. Nossa Senhora prometeu a cura de doenças a quem bebesse daquela água.

Saindo dali, retornaram para casa espalhando a boa notícia. Com isso, pessoas de todo o país compareciam ao local acreditando em sua santidade.

Com relação a repercussão na Igreja católica em relação aos fatos mencionados, Maria da Luz e seu pai foram convocados para dar entrevista junto ao bispo. Nesta ocasião, foram relatados minuciosamente os eventos relacionados a aparição. Após, foram liberados e instaurado na Igreja um processo de

Pesquisa. Para esse serviço, o bispo nomeou dois padres que se deslocaram até o sítio Guarda no dia vinte de agosto.

Os referidos servos de Deus encontraram uma casa de alvenaria simples, estreita, curta, estilo chalé com única entrada. Ao chegar diante da porta, bateram seguidamente quatro vezes até serem atendidos pelos donos da casa. Adentrando no interior, viram uma casa bem decorada cheia de quadros e pinturas de santos nas paredes. A convite da dona da casa, se acomodaram em dois tamboretes no que seria a sala.

Gentilmente, a matriarca da família se apresentou como seguidora fiel dos santíssimos sacramentos e das entidades cristãs e descreveu junto com as crianças os pormenores dos fatos acontecidos. Ao terminar o relato, por sugestão dos anfitriões, começaram a subir a encosta que dava acesso a gruta.

Enfrentando o sol causticante, os garranchos, os espinhos, as dúvidas, as inquietações, o medo e o perigo, os romeiros eram movidos pela fé em Nossa Senhora a todo o momento. Isso os fez driblar os perigos e avançar. Após um certo tempo, ficaram próximos do local determinado pelas videntes. Nesse instante, as meninas abriram um belo sorriso e disseram:

"Estamos vendo Maria na porta e nos abençoando.

Os padres direcionaram a atenção para o local apontando pelas crianças, mas nada puderam ver. Contudo, sentiam um sentimento estranho de paz e felicidade. O grupo continua avançando até atingir o topo do despenhadeiro. De lá, podem visualizar toda a paisagem encantadora daquele agreste selvagem. Como era bom estar ali diante da presença da rainha dos céus. Certamente, estavam vivendo um momento único e marcante.

Foi neste instante que o investigador iniciou seu trabalho.

"Peço-vos o afastamento do Senhor Arthur e de Maria da Conceição pois irei agora falar com Maria da Luz.

"Tudo bem" Concordou Arthur.

"Sem problemas "Disse Maria da Conceição.

Os dois desceram um pouco o morro em obediência ao sacerdote de Deus. Ficaram então a sós o enviado do bispo e Maria da Luz.

"Você vê Nossa Senhora? Pode descrevê-la para mim? "Indagou o padre.

"Vejo sim. Ela parece com a Nossa Senhora do Carmo da Catedral de Pesqueira. O manto dela é azul, o vestido é creme e com uma faixa. No braço esquerdo, carrega um menino e ambos têm uma coroa resplandecente de ouro na cabeça. Também vejo o pé dela e o menino colocou o braço em seu pescoço "Respondeu Maria da Luz.

"O que é que você chama creme? "Indagou o pároco.

"Uma coisa entre o branco e o amarelo "Disse a jovem.

"Muito bem. Pode descer e chame Maria da Conceição "Pediu o sacerdote.

"Certo. Estou indo "Obedeceu a Maria da Luz.

Maria da Luz caminhou um pouco até onde estava Maria da Conceição e deu-lhe o recado do investigador. Foi então que a segunda subiu ao encontro do homem de Deus. Foram feitas as mesmas perguntas e as respostas foram iguais impressionando ainda mais o vigário. Com intuito de coloca-la a prova, ele continuou.

"Olhe, minha filha, a outra disse que Nossa Senhora estava do lado de cá. Como é que você me diz o contrário?

"Lá eu não vejo "Respondeu a menina calmamente.

"Está bem. Vá chamar Maria da Luz.

A vidente obedeceu descendo o morro. Depois as duas subiram ficando diante do amigo.

"Maria da Luz, como se chama a imagem? "Indagou o enviado.

"Ela respondeu que é a graça "Disse Maria Da Luz.

"Ela está triste? "Continuou o padre.

"Ela está rindo" Disse Maria da Luz.

"Ela me parece satisfeita "Completou Maria da Conceição.

"A imagem me vê? "Indagou o vigário.

"Ela disse que sim "Respondeu Maria da Luz.

"Posso fazer algumas perguntas em outras línguas? "Questionou o investigador.

"Ela disse que sim "Confirmou Maria da Conceição.

"Olhe, ela e o menino estão rindo" Observaram as duas meninas.

As perguntas seguintes foram feitas em latim e alemão e mesmo sem conhecer os idiomas as videntes transmitiam a resposta certa em português.

"Es mater divinae gratias?

"Sou.

"Es mater salvatoris nostri?

"Sim.

"Es tantum meditrix gratiarum necesarie ad salutam?

"Sim.

"Desideras permanere hic?

"Sim.

"Aut desideras reliquere hunc locum?

"Sim.

"Ad priman partem?

"Sim.

"Brasilia castigatus erit a Deo?

"Sim.

"Quis ego sum cognosces?

"Sim.

"Quare negasti antea?

"Não.

"Wer bist du – Quem sois vós?

"A Mãe do Céu.

"we hais das Kind auf daimem Arm – Como se chama a criança que está em vosso braço?
"JESUS.
"A imagem é uma alma ou Nossa Senhora?
"A Mãe do Céu.
"Qual a finalidade de sua estada aqui?
"Foi JESUS que mandou.
"Para que ele mandou?
"Para dizer que virão tempos sérios.
"Estas coisas acontecerão logo? (época da aparição: 1936)
"Não.
"Que é preciso para afastar os castigos?
"Penitência e oração.
"Qual é a invocação desta aparição?
"Das Graças.
"Os padres e os bispos sofrerão muito?
"Sim.
"Que significa esta água aqui?
"É um sinal que Eu dei.
"Esta água serve para doenças?
"Para aqueles que tiverem fé.
"Aqui será um lugar de devoção?
"Sim.
"A perseguição a Igreja será grande?
"Sim.
"Como posso pregar esta aparição sem ordem das autoridades eclesiásticas?
"Mais tarde eles permitirão.
"Se sois a Mãe de Deus, dai-nos a vossa bênção.

Subitamente, a imagem os abençoou. Comovidas, fizeram o sinal da cruz. Foi quando eles se despediram do local retornando as suas respectivas moradas e obrigações.

As aparições continuaram com inúmeros milagres sendo relatados. Por força da própria vontade, Maria da Luz recolheu-se num convento onde iniciou sua missão religiosa. Através do seu ofício, propagou a devoção a Nossa Senhora com maestria. Nossa Senhora das Graças é, portanto, a protetora de todos os cristãos nordestinos.

Virgem dos pobres
<u>Banneux-Bélgica-1933</u>

15 DE JANEIRO DE 1933
<u>Um domingo</u>
Mariette conclui suas obrigações da tarde. Este fato lhe faz feliz e útil. Agora, está na hora de esperar o Irmão Julien que vinha do trabalho. Para isso, vai até a janela observar a estrada cheia de expectativas. Alguns instantes depois, surge em seu jardim a silhueta duma mulher resplandecente vestida de branco e com um cinto azul. A estranha acena para a garota lhe chamando.

Cheia de dúvidas, a menina exclama:

"Mãe, tem uma mulher no jardim e ela está me chamando!

A mãe que estava sentada num tamborete da sala se levanta e vai verificar o ocorrido. Ao se aproximar da janela, ela percebe a presença do ser luminoso e numa atitude protetiva, puxa sua filha, dizendo:

"Não vá sair! Deve ser uma bruxa nos tentando!

As duas fecham a porta da casa e então a visão desaparece.

18 DE JANEIRO DE 1933
A vidente se encontra no jardim em fervorosa oração quando a misteriosa senhora lhe aparece. A pedido dela, a

jovem se levanta e vai até a estrada. No caminho, cai duas vezes ao chão desfalecida. Na terceira queda, cai diante duma fonte.

"Mete as mãos na água. Esta fonte está reservada. Boa tarde, até a próxima.

A moça obedece e entra em êxtase. Ao acordar, sente uma estranha sensação de felicidade. O que significava aqueles estranhos fenômenos? Seu objetivo era investigar isso o quanto antes. Pensando ainda neste caso, volta para casa objetivando ajudar sua mãe nas obrigações domésticas.

19 DE JANEIRO DE 1933

Mariette volta ao caminho ficando de joelhos em oração. Não demora muito e a estranha mulher reaparece com um belo sorriso estampado nos lábios. Cheia de curiosidade, a garota inicia a conversação.

"Quem sois vós, linda Senhora?

"Eu sou a virgem dos pobres. Acompanhe-me, por favor.

Cheia de confiança, a vidente obedece a mulher e juntas vão até a fonte. Nisto, o diálogo é retomado.

"Dissestes-me ontem, bela senhora: Esta fonte está-me reservada. Por que está me reservada?

"Esta fonte está reservada a todas as nações.... Para aliviar os doentes. Rezarei por ti. Até a próxima.

Dito isto, desapareceu misteriosamente aguçando ainda mais a curiosidade daquela sapeca menina.

20 DE JANEIRO DE 1933

A noite anterior foi uma noite bastante longa e movimentada onde a vidente dormiu bem pouco. A consequência disso é que ela acordara cansada e exausta sem nenhuma força para se levantar. Só foi fazê-lo às 18:45 Horas. Neste instante, toma um banho, veste uma roupa limpa, janta e sai ao jardim a contemplar a noite e a rezar. Foi quando a sua amiga reaparece deslumbrante como sempre.

"Ó, cá está ela! Que desejais, minha bela senhora? "Indagou Mariette.

"Gostaria de uma pequena capela "Pediu a Virgem.

Levantando as mãos, ela abençoa a garota e se eleva aos seus olhos. Depois disso, passou-se três semanas sem nenhuma aparição da rainha dos céus. Ainda assim, a devota insistia todos os dias em suas orações demonstrando uma fé inabalável.

11 DE FEVEREIRO DE 1933

Parecia um dia como qualquer outro normal. Contudo, uma estranha força impulsionava Mariette a voltar para a estrada. Ela obedece. Nesta trajetória, cai de joelhos duas vezes, mas logo levanta devido sua fé mariana. Ao chegar junto à fonte, molha suas mãos e faz o sinal da cruz. Do seu lado, aparece a virgem dos pobres sorrindo.

"Venho aliviar o sofrimento! "Declara a mãe do céu.

A médium fica estática. O que queria dizer exatamente aquilo? Com o desaparecimento da Imaculada, ela se levanta bruscamente do local correndo até em casa. Era preciso tempo para repensar com calma tudo o que estava acontecendo com ela.

15 DE FEVEREIRO DE 1933

As duas confidentes se encontram novamente no jardim. Orientada pelo seu confessor pessoal, a jovem inicia o diálogo.

"Santíssima Virgem, o Sr. Padre disse-me para lhe pedir um sinal.

"Acreditai em mim, eu acreditarei em vós. Nenhum sinal lhes será dado a não ser a volta do meu amado filho ainda neste tempo. Através dele, os corações hão de se reencontrar "Revelou Maria.

"Quando será isto?

"Ninguém sabe a não ser o pai. O que resta a fazer é rezar muito. Até a próxima.

"Até.

Ouve-se um estrondo de trovão e o relâmpago respectivo. A virgem já não se encontra com ela e então a serva retorna para casa cheia de esperanças. Tinha sido mais um dia abençoado pela grande mãe do céu.

20 DE FEVEREIRO DE 1933

O frio é bastante intenso neste dia. Mesmo assim, a serva de Deus sai de casa e faz o mesmo itinerário das outras vezes rezando sempre. Sua persistência é premiada com mais uma aparição da Santíssima Virgem.

"Minha querida filha, reza muito "Recomenda nossa mãe.

"Sempre que puder, vou fazê-lo, minha amada mãe "Garantiu a vidente.

"Fico feliz! Até a próxima! "Retribuiu Maria.

Dito isto, desapareceu num instante. A serva de Deus sentiu uma estranha sensação de felicidade ficando pronta para encarar o restante do dia. Era preciso pois se alegrar.

02 DE MARÇO DE 1933

Eram exatamente 19:00 Horas e chove desde a tarde. Enfrentando o tempo ruim, a jovem vai até o jardim onde reza o terço. Durante a oração, sua protetora aparece.

"Esta é a última vez que venho aqui. Saiba que sou a mãe do salvador, mãe de Deus. Rezai muito.

Como assim? Última vez? A devotada serva não quis acreditar naquelas palavras duras para seu doce coração.

"Já? Sim, da minha parte prometo isso.

A virgem deu dois passos para frente e lhe impondo as mãos, disse:

"Adeus!

O céu ficou azul, o sol brilhou, os anjos cantaram e uma brisa fina passou por ali. Se encerrava o ciclo de aparições Marianas em Banneux. A virgem dos pobres é uma das grandes venerações do povo Belga.

Virgem pura dolorosa de Umbe
Bilbao-Espanha
1941-1988

Esta sequência de aparições aconteceu geralmente na casa grande localizada numa extensa propriedade florestal alcançada através dum estreito caminho pelo Alto do Umbe.

25 DE MARÇO DE 1941

Felicia se encontrava sentada na mesa da cozinha em meio ás suas orações habituais.Ao dar meia noite,o ambiente é preenchido com uma luz sobrenatural e então a vidente pode ver Nossa Senhora.Ela é muito bela e abre um sorriso cativante.Instantes depois,desaparece sem dar maiores explicações.

23 DE MAIO DE 1969

Passando próximo ao poço,em direção a sua casa,novamente lhe apareceu a mãe de Deus .

"Estais em Minha casa, quero que a deixeis "Recomendou a santa.

Em seguida, a visão desapareceu. Obedeceram a ordem divina e seguiram a tradição de rezar sempre naquele local o terço.

20 DE JULHO DE 1969

A noite desceu e o dia fora tranquilo e calmo em todos os eventos. Felisia se encontrava só meditando na sala da casa quando a mesma luz sobrenatural adentrou na residência. Dentro dela saiu a figura duma mulher jovem com uma coroa na cabeça e carregava consigo um rosário.

"No primeiro dia em que eu vim salvar-te, desci primeiramente ao poço; esta água ficará abençoada hoje para sempre e curará os doentes e sãos que com ela lavarem a cara e os pés. Quero que aqui se erga uma capela "Solicitou Maria.

"Vou empreender todos meus esforços para isso. Aproveito este momento também para te pedir a cura do meu marido o qual anda desenganado pelos médicos.

""Mande-o se lavar na água. Com fé, tudo é possível. Fique em paz e observe meu pedido.

Maria desapareceu e sua serva foi logo testar o poder da água do poço junto com o esposo. Uma semana depois, ao refazerem os exames, não encontraram vestígios da doença. Houve, pois, um milagre de Nossa Senhora para maior glória de seu nome.

09 DE SETEMBRO DE 1969

Depois do jantar,a família sistiaga deslocou"se até o poço no intuito de conversar e observar a bela noite estrelada.Ficaram bastante tempo nestas atividades.Exatamente ás dez da noite,ocorreu entre eles mais um fenômeno sobrenatural.Subitamente,o ambiente ficou todo iluminado e de dentro desta luz surgiu um ser glorioso o qual se aproximou.Tratava"se dum anjo loiro,com asas azuis e vestindo uma roupa toda branca.

Ficando junto a garota Felisa,ele entrou em contato.

"Tome este pedaço de veludo preto.Com ele,devem revestir a imagem de Nossa Senhora"Recomendou o anjo.

"Está bem, Senhor "Concordou a vidente.

Sem mais informações, ele retornou a luz e aos poucos foi se afastando em direção ao céu. Sua tarefa tinha sido cumprida. Quanto a família Sistiaga, com o susto, retornaram para casa imediatamente. Já chega de sustos por hoje, concluíram.

14 DE JULHO DE 1970

A devota Mariana se encontrava em seu quarto rezando o rosário quando a já comum claridade lhe apareceu.Do lado direito da sua cama,apareceu a bela e sorridente virgem Maria.

"Cumpri meu desejo na terra, que eu farei o vosso, no Céu. Eu vos enxugarei as lágrimas.

"Obrigada,minha mãe.São tantas dores que eu suporto.

"E eu não sei, filha? Tenha fé e confiança em meu nome. Através de suas ações, ele será cada vez mais glorificado na terra.

"Amém!

"Fique em paz!

Dito isto, a claridade foi desaparecendo do quarto. Foi então que a serva de Deus aproveitou para descansar dos seus trabalhos diários.

31 DE JULHO DE 1970

Era o início da tarde.Felicia foi ao campo pastorear os rebanhos.No momento em que estava descansando á sombra duma árvore,lhe apareceu a virgem se aproximando no caminho entre os animais.Ela era a mesma bela jovem das outras vezes vestindo um conjunto todo prata.No braço direito,carregava um rosário.Ao chegar junto da serva,pôs"se a conversar.

"Boa tarde, minha querida. Espero que a paz do meu Senhor esteja contigo.

"Sim, está. Quero saber de ti como ficará a situação do poço abençoado.

"Eu cumpro o que prometo. A água continuará curando.

"Fico mais tranquila. Agradeço por isso.

"Não tem de que. Olhe, vim trazer-lhe um presente "Disse a santa entregando-lhe o rosário.

"Muito obrigada!

"Deve rezar e ensinar esta devoção todos os dias. Meus ouvidos estarão atentos às vossas súplicas e em especial quer a conversão dos pecadores.

"Farei o possível e o impossível. Deseja mais alguma coisa, minha mãe?

"Quero sim. Construam uma capela em minha honra. Meu desejo é que muitas pessoas venham aqui adorar a Deus e minha Imaculada Conceição. Só assim o mundo encontrará a paz tão desejada.

"Entendi. Sua vontade será feita!

"Alegro-me com isto. Fique bem!

"Amém!

A mãe de Deus se retirou pensativa. A tarefa de hoje estava cumprida. Restava agora esperar os próximos passos. Quanto a serva, no final do dia retornou para casa e começou a colocar em prática os planos de sua mentora. Tudo para maior glória de Deus!

30 DE OUTUBRO DE 1970

A família Sistiaga se reuniu na sala de estar para rezar. Logo que iniciaram a reza do terço, a virgem lhes apareceu participando deste momento. Acompanhando as orações, haviam anjos cantando o que lhes dava a sensação dum completo céu. Concluído os trabalhos, a cheia de graça falou com a vidente.

"Gostei muito de ficar nesta hora com vocês. Minha alma se alegra!

"Qual é o vosso objetivo através destas aparições?

"Quero dar paz ao mundo e quero que rezem sempre neste local.

"O que devemos fazer para alcançar tua graça?

"Cultivem os bons valores. Se fizerem o que eu vos digo, salvar-se-ão e terão a paz.

"O que devemos fazer mais?

"Rezem muito especialmente o rosário. É através desta devoção que posso fazer milagres.

"Muito obrigada!

"Por nada! Fique com Deus!

A iluminação sobrenatural cessou e os presentes finalizaram as orações com um pai-nosso. Após, foram se recolher em seus respectivos dormitórios felizes, tranquilos e realizados. Este tinha sido mais um dia iluminado pela mãe de Deus!

24 DE DEZEMBRO DE 1970

Era noite e a venerável serva de Deus havia se recolhido ao seu quarto em cumprimento de suas obrigações religiosas. No meio da reza do terço, eis que lhe apareceu Nossa Senhora com um ar sério e triste.

"O que foi, minha senhora? Por que está tão triste? "Admirou-se a serva.

"Não viste o que fiz pelo teu povo? E olha o que recebi? Que os doentes curados agradeçam devidamente o favor que receberam. Se não, terão castigo que merecem.

"Tenha piedade de nós, minha mãe. Somos todos pecadores sem entendimento. Que teu coração maternal seja tocado com compaixão.

"Assim seja. Conquanto terão que se emendar evitando os pecados. Não machuquem mais o coração do meu filho e o meu. A fim disso, continue rezando pela conversão dos pecadores.

"Sim, sempre estou rezando.
"Muito bem! A cruz seja teu guia!
"Amém!

A alma de Maria se elevou aos céus aos olhos da confidente. Suspirando um pouco preocupada, sua serva pensava na melhor maneira de ajudar o Senhor em seu propósito. Dentre as poucas certezas que tinha, uma delas era que a conduta dos crentes deveria mudar por completo ou então tudo estaria perdido.

23 DE MAIO DE 1971

Em mais um momento de cumplicidade e e reserva no quarto, Maria apareceu a sua serva .

"Boa noite! Ainda continuam as heresias contra meu nome e de meu filho o que me entristece bastante.

"Pode explicar melhor? Quais são as mais dolorosas?

"As minhas ânsias e dores por todos os meus filhos não tem fim. Grandes faltas de fé, na terra, acarretarão sua miséria. Se não fizer caso do que eu disse então será o fim.

"O que poderá acontecer?

"Formar"se"á um nevoeiro tal que não vereis uns aos outros. De nada vos servirá luz alguma .

"Quanto tempo durará?

" Durará o tempo que for preciso. Os justos e os dignos não sofrerão. Todos os meus filhos terão que pedir perdão a Deus. Isto será um aviso do castigo. No período de tempo que falta até então mudarão dois Papas.

"Isto é reversível?

"Com muita oração e mudança de atitude.Fazei vossa parte continuando a pedir pelos pobres pecadores.

"Sim.Estou fazendo,minha mãe.

"Muito bem!Sua recompensa será grande!Vamos vencer o mal juntas!

"Amém!

Maria substituiu a expresão de seriedade por um sorriso e então desapareceu.Da parte de sua devota,ela continuou ainda por um bom tempo pedindo pela conversão dos pobres pecadores.Não seria por falta de ação que o mundo se perderia.Ao cansar,deitou"se em sua cama e repousou o sono dos mortais.A cada dia,sua preocupação.

22 DE JUNHO DE 1971

Tinha sido um dia calmo mas sem muitos avanços em relação a mudança de atitude por parte de algumas pessoas.Isso era realmente algo difícil de alcançar.Foi implorando por piedade divina que a virgem se manifestou novamente.Ela demonstrava um semblante triste,preocupado e profundo direcionado a empregada.

"Ainda não se emendaram mesmo diante de tantos milagres e provas dadas por Deus.É realmente temeroso! "Constatou a virgem.

"Verdade!E quanto a situação da Espanha? "Indagou Felicia.

"Livrarei a Espanha de Guerras.Mas haverá muitas catástrofes e doenças provocando a morte de muitos.

"Quando ocorrerá este castigo?

"Antes do castigo,dar"vos"ei o aviso.

"Em que consiste exatamente os fatos decorrentes disso?

"Iluminar"se"á o céu com uma cruz, que, ao desfazer"se, produzirá uma imensa luz branca, que inclusive encobrirá o próprio sol. Durará quatro horas. Seguidamente, soprará um vento ardente por toda a terra. Muitos morrerão de emoção. Os que tiverem fé em Deus não sofrerão.

"Ainda bem!Glória a Deus!

"Os justos são sempre protegidos.Continue em seu trabalho apostolal,minha filha!As bênção virão em consequencia dos seus atos.Fique em paz!

"Amém!

Olhando em direção ao horizonte infinito,a Imaculada Conceição sorriu com esperança e se elevou.Ainda havia mais coisas a repassar em outras oportunidades.Enquanto esperava, a sua seguidora não cansaria de trabalhar em prol do bem e da conversão dos pobres pecadores.

2 DE OUTUBRO DE 1971

Em mais um encontro importante com a mãe de Deus,as duas discutiram sobre as questões relacionadas á salvação da alma do ser humano.

"ò,quanto me pesa minha filha a perca de almas.Se houvesse mais pessoas dispostas a se sacrificar e rezar por elas grandes milagres aconteceriam.

"Eu faço a minha parte.No entanto,a maioria das pessoas não faz.Esta é a realidade nua e crua a qual devemos enfrentar.

"Sim,eu sei.Cuidemos para que seu trabalho se propague cada vez mais.

"Amém.Qual recomendação quer reforçar para a humanidade,virgem mãe?

" Orai, meus filhos; fazei penitência. Pedi, que eu sou a Vossa Mãe. Deus dá a toda a humanidade um dom que não se vende, nem se pode comprar. Orai, que eu quero salvar os meus filhos.

"Queremos.De tua parte,pedimos vossa bênção e proteção.

"Já vos tem sempre.Fique em paz!

"Amém!Obrigada!

Esbanjando alegria,a santa mãe de Deus desapareceu com a recomendação de voltar logo.A sua missão ainda não havia sido cumprida.

4 DE JUNHO DE 1972

A noite desce.Como de costume,a santa serva de Deus recolhe"se em seu quarto visando cumprir suas obrigações religiosas.No meio da oração do terço,uma claridade sobrenatural preenche seu quarto e no mesmo instante a virgem se apresenta vestida toda de branco,com uma coroa dourada na cabeça e com um rosário dependurado no braço direito.

"O que quer minha adorada mãe?

"Quero que cumpra bem os vossos deveres, orai, orai sempre que eu sou a Mãe do Salvador, a Mãe de Deus.

"Estou cumprindo!

" Quero aqui uma Capela e que a ela se acorra em procissão.

"Com que objetivo?

"Pela remissão dos pecados.Meu filho está dolorosamente ofendido e eu todo farei para o desagravar.

"O que acontecerá caso não consigamos cumprir vosso pedido?

" Se não se ouvirem as minhas palavras esta nação provocará muitos erros contra a Igreja.

"Como conseguir obter o favorecimento de Deus nesse projeto?

"Orai, que meu filho atende vossas orações.

"Algumas pessoas depois da obtenção da cura estão ficando desleixadas.

" Os curados que não derem testemunho serão castigados com males maiores, os que derem serão minhas lâmpadas acesas e estarão sempre sob a proteção do meu manto.

"Podemos continuar disseminando a fé na água do poço?

"A água continuará a curar.

"Que bom!Graças a Deus e a vossa intercessão!

"Não é mais nada do que minha obrigação por ser vossa mãe Divina.Parabéns e até a próxima!

"Até!

A Virgem suspirou como se pensasse em algo.Tantas coisas já haviam se passado.Agora,cada vez mais se aproximava os momentos finais.Afasta"se da protegida vos abençoando com o sinal da cruz.Pouco depois,a vidente cai na cama fatigada.O trabalho do dia estava cumprido.

11 DE DEZEMBRO DE 1975

Este foi mais um dia abençoando em que a virgem contactou a nobre serva em seu recinto particular.Ela apareceu sob uma nuvem vestida toda de branco inicialmente mostrando uma cara séria e preocupada.

"Oh,minha amada mãe!Vejo a tristeza em seu olhar.De que forma posso aliviar seu coração? "Indagou Felisa.

" Quando, com vossas orações e sacrifícios, me ajudais a salvar uma alma e converter um pecador, cicatrizais"me um ferida"Respondeu nossa santa mãe.

"Como a Senhora avalia nosso trabalho aqui em Umbe?

" Estou muito contente com Umbe. Tenho"vos todos debaixo do meu manto.

A virgem abriu um sorriso cativante mudando o aspecto de suas feições.Isso queria dizer que através do trabalho de sua devotada amiga e com as bênçãos de Deus a força do bem estava prevalecendo sobre o mal.

"Como devemos agir a partir de agora? "Indagou a empregada.

" Perseverai na vossa oração e sacrifício, que os acontecimentos estão à porta. As almas que mais amo são as que mais sofrem, que compartilham as minhas dores, em reparação pelos pecadores"Informou Maria.

No instante posterior,abriu os braços acenando em despedida.Aos olhos da serva,desapareceu sem maiores explicações.Sua visita deixara um rastro de perfume adorável através do qual os cristãos podiam se inspirar.Isso significa em termos de atitude em ser dócil,doce,sensível,compreensivo,tolerante e carinhoso com o próximo.Era exatamente o que a empregada deveria repassar aos outros irmãos em todas as oportunidades possíveis.

28 DE FEVEREIRO DE 1976

É o dia de aniversário de Felisa.Um dia repleto de felicidades em que essa venerável criatura compartilha com família e amigos.Ela passeia,dança,brinca,come e canta hinos em honra ao Senhor por sua vida.Tudo é muito singular e especial nesse dia.

Ao chegar a noite,ela se trancafia em seu dormitório.Ao rezar suas orações,a virgem lhe aparece da mesma forma de sempre.

"Feliz aniversário! Estou contente, muito contente convosco. Com o Rosário, vencereis; não o deixeis cair das mãos; os que o abandonarem perecerão"Diz Maria.

"Muito obrigada!O que tem a nos dizer sobre o futuro da Espanha? "Indagou a seguidora.

" Virão dias de purificação para a Espanha: Distúrbios sangrentos, más colheitas, crises, fome, doenças e mortes"Anunciou a santa.

"E a situação da Igreja?

" A Igreja parecerá desaparecer e ficará como que destruída.

"Como ficaremos então?

" Eu serei a Vossa Fortaleza e consolo nesses dias.Agora tenho que ir definitivamente.Fique com Deus!

"Amém!Bendita seja!

O céu se abriu,os anjos cantaram e a terra tremeu neste que foi o último dia desta sequência de aparições Marianas.Que consigamos seguir suas recomendações com fé e devoção tendo a consciência de que essa sua manifestação é uma das principais protetoras dos cristãos espanhóis.

Final

www.ingramcontent.com/pod-product-compliance
Lightning Source LLC
LaVergne TN
LVHW020439080526
838202LV00055B/5268